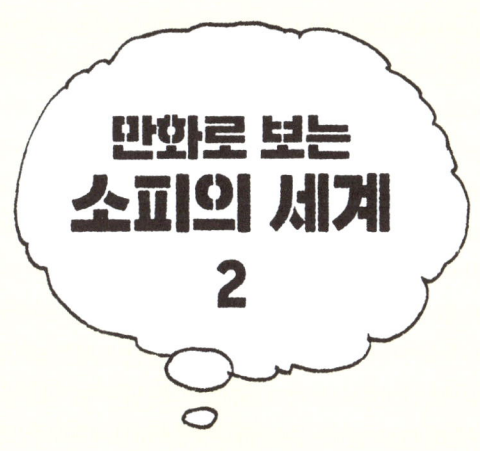

LE MONDE DE SOPHIE : VOLUME 2
by Jostein Gaarder, Vincent Zabus & Nicoby

Copyright ⓒ 2023, Albin Michel
Based on the novel Sophie's World, ⓒ Jostein Gaarder
First published by H. Aschehoug & Co. (W. Nygaard) AS, 1991
Published in agreement with Oslo Literary Agency

Korean translation copyright ⓒ 2024, Gimm-Young Publishers, Inc.

이 책의 한국어판 저작권은 저작권사와의 독점 계약으로 김영사에 있습니다.
저작권법에 의해 한국 내에서 보호를 받는 저작물이므로 무단전재와 무단복제를 금합니다.

만화로 보는 소피의 세계 2 : 데카르트에서 현대 철학자들까지

1판 1쇄 인쇄 2024. 1. 23.
1판 1쇄 발행 2024. 2. 13.

원작 요슈타인 가아더
글 뱅상 자뷔스 **그림** 니코비
옮긴이 양영란

발행인 박강휘
편집 강영특 | **디자인** 홍세연 | **마케팅** 고은미 | **홍보** 박은경
발행처 김영사

등록 1979년 5월 17일 (제406-2003-036호)
주소 경기도 파주시 문발로 197(문발동) 우편번호 10881
전화 마케팅부 031)955-3100, 편집부 031)955-3200 | 팩스 031)955-3111

값은 뒤표지에 있습니다.
ISBN 978-89-349-4602-1 47100 | 978-89-349-4328-0(세트)

홈페이지 www.gimmyoung.com   블로그 blog.naver.com/gybook
인스타그램 instagram.com/gimmyoung   이메일 bestbook@gimmyoung.com

좋은 독자가 좋은 책을 만듭니다.
김영사는 독자 여러분의 의견에 항상 귀 기울이고 있습니다.

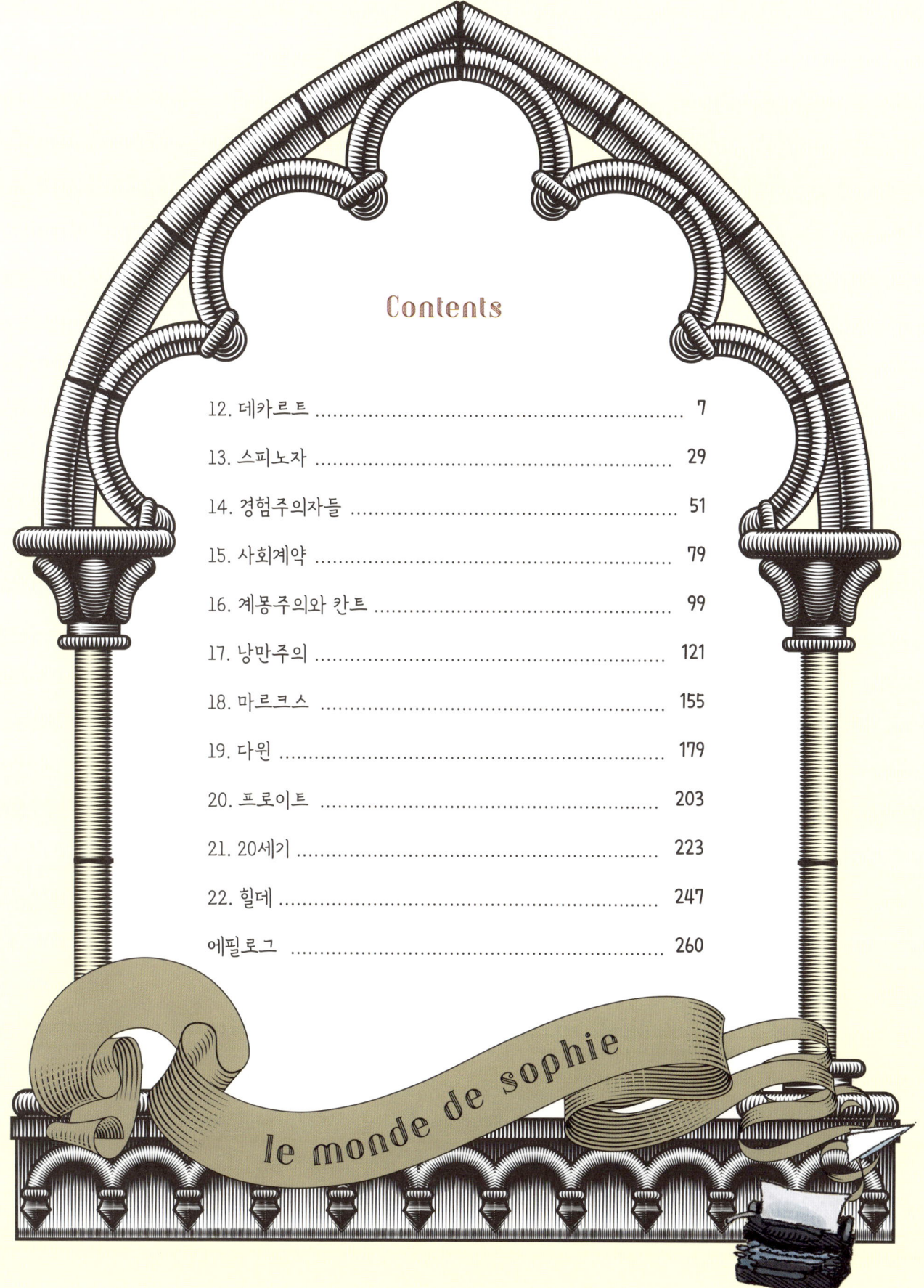

Contents

12. 데카르트 7
13. 스피노자 29
14. 경험주의자들 51
15. 사회계약 79
16. 계몽주의와 칸트 99
17. 낭만주의 121
18. 마르크스 155
19. 다윈 179
20. 프로이트 203
21. 20세기 223
22. 힐데 247
에필로그 260

le monde de sophie

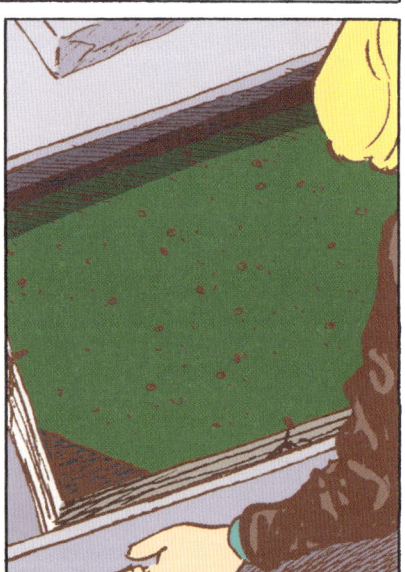

12. 데카르트

소크라테스와 플라톤에서 시작해서 성 아우구스티누스를 거쳐 데카르트에 이르는 계보 같은 게 존재하지.

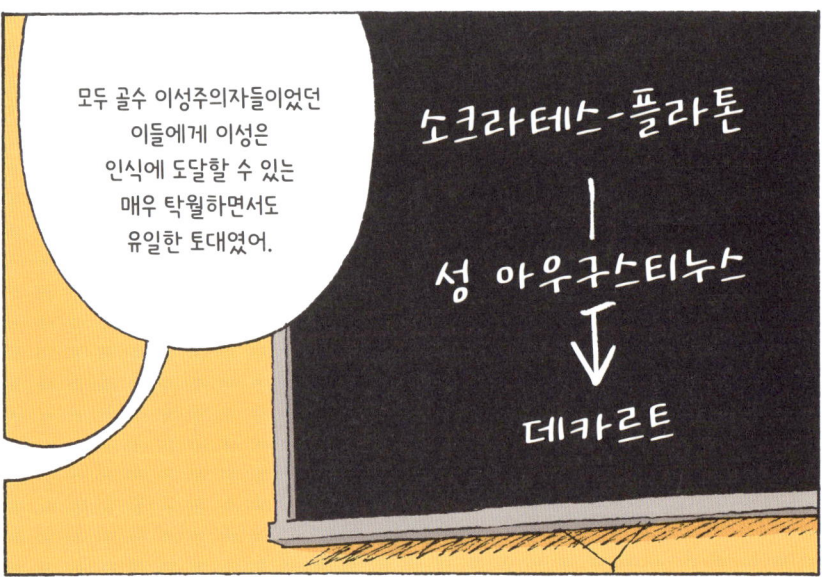
모두 골수 이성주의자들이었던 이들에게 이성은 인식에 도달할 수 있는 매우 탁월하면서도 유일한 토대였어.

소크라테스-플라톤
↓
성 아우구스티누스
↓
데카르트

데카르트는 근대 철학이 시작되는 출발점이야. 그는 최초로 진정한 철학 체계를 수립한 철학자였지.

최초의 철학 체계

과학이 세계에 대해 제각기 다른 이미지를 던져주던 시대에 그는 세계를 전체적으로 설명할 수 있는 철학을 꿈꿨어.

최초의 철학 체계

그는 명징하고도 변별적인 사유를 통해 인식에 도달하려고 애를 쓰게 돼. 새로운 "자연과학"이 그랬던 것처럼 말이야! 그러기 위해서…

"타불라 라사"!

*'깨끗한 석판'을 뜻하는 라틴어. '모든 것을 싹 쓸어버리고 원점에서 출발'한다는 뜻—옮긴이

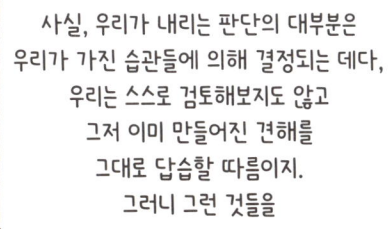

여긴 선생님 댁 복도 같은데, 알아보시겠어요?

그게 그러니까…

마루도 똑같고, 실내 장식도 똑같긴 한데…

하지만 훨씬 길잖아!

쿵

끼?!

또!

일원론자

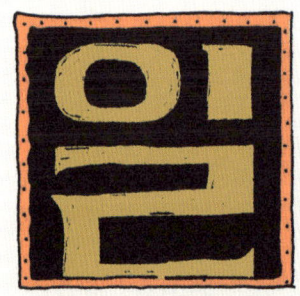

스피노자는 결정론자일 뿐만 아니라 일원론자였지. 다시 말해, 그는 모든 것의 기원에 오로지 한 가지 실체만 있다고 생각했어.

이데아의 세계와 현실세계, 또는 정신과 육체처럼 세상을 이분법으로 나눴던 플라톤이나 데카르트와는 다르다고 봐야지.

스피노자는 이 유일한 실체를 신 또는 자연이라 불렀어.

그는, 우리의 사유도 그렇지만, 물리적으로 존재하는 현실세계의 모든 것들이 신 또는 자연의 발현이라 보았지. 왜냐하면 모든 건 하나이니 말이야.

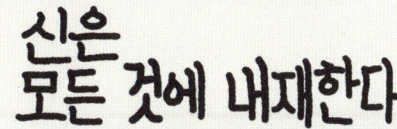

처음엔 만화의 등장인물이라고 해서 급 좌절했는데, 뭔가 깨닫고 난 지금은 해방된 기분이 들어요!
아야!
자기가 가진 특별한 잠재력을 온전히 발휘하면 된다니! 너무 마음에 들어요.
따지고 보면, 우리는 누가 됐든 모두 자신의 천성으로 인한 한계를 가지고 있어요. 우리 이야기를 읽는 사람들조차도 다르지 않아요.
토할 것 같아…

어쩌면 우린 1권에 등장하는 델포이 신전의 여사제가 말했듯이, 비물질적 존재인지도 몰라요. 더구나 어떤 의미에서는 불멸의 존재일 수도 있죠!
아야!
중요한 건 우리의 한계를 확실하게 인식하는 거죠.
난 우리에게 아직 탐구해야 할 가능성들이 무척이나 많다고 확신해요…

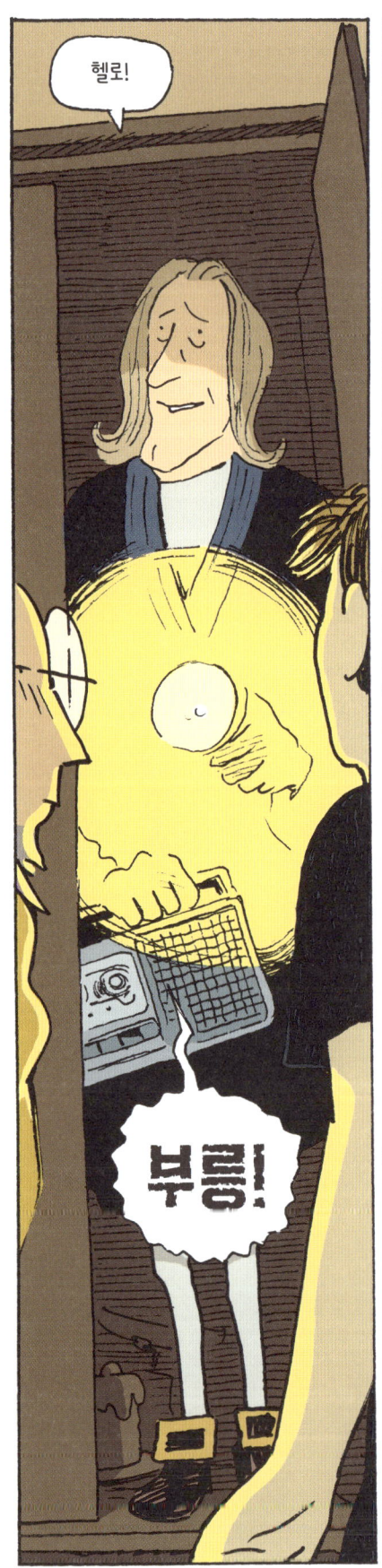

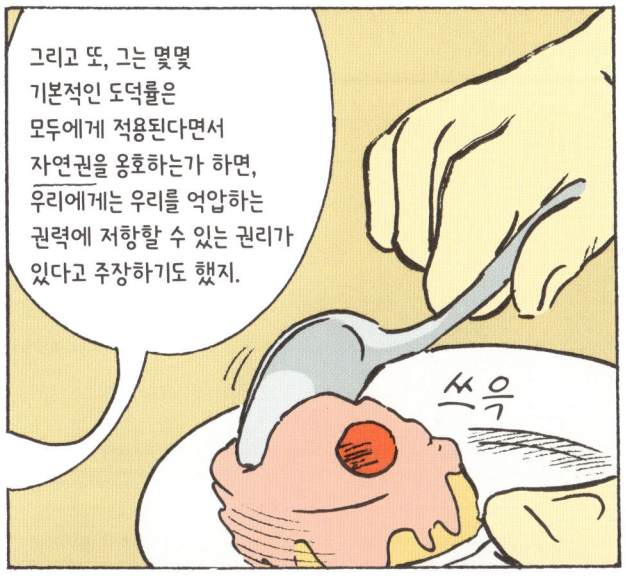

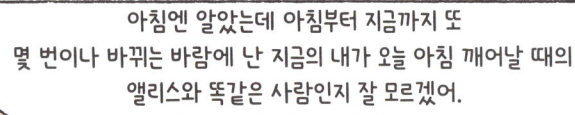

*"Je est un autre." 프랑스어에서 'Je'는 1인칭 주어이고, 'est'는 '이다', '있다'의 뜻을 가진 동사 'être'의 3인칭 단수 꼴이다. 문법적으로 틀린 이 문장은 랭보의 '객관적 오성 시학'의 핵심을 이룬다―옮긴이

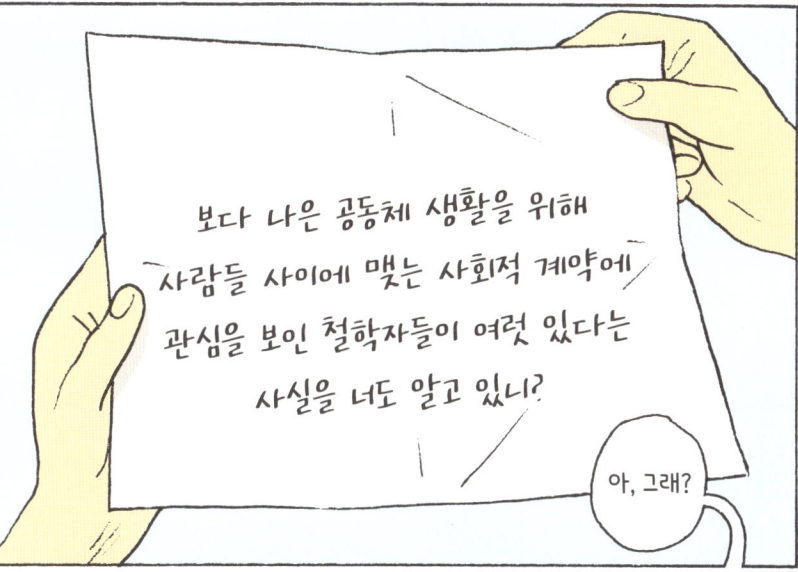

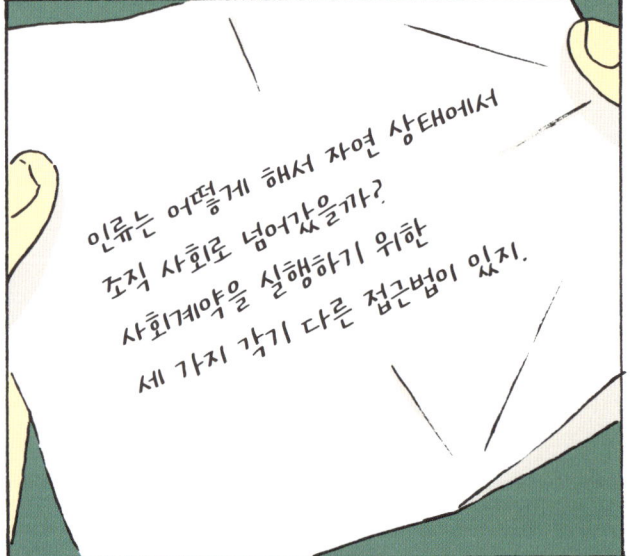

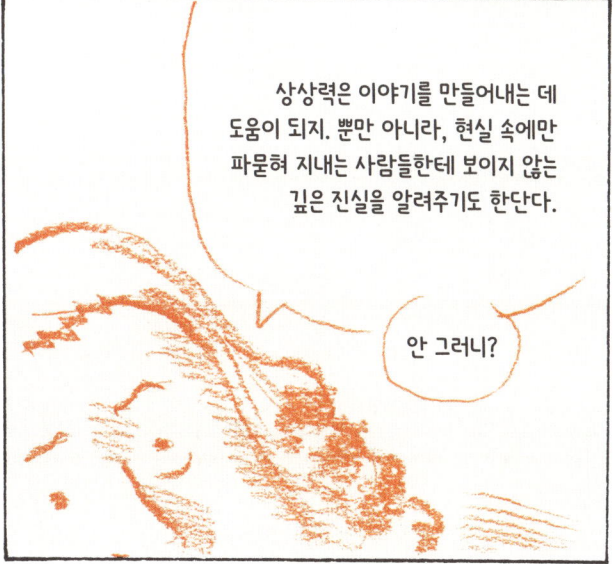

문화에 대한 낙관주의는 왜 포함되었는지 궁금하죠?

그건 인류가 괄목할 만한 진보를 이룩하기 위해선 이성과 지식을 널리 퍼뜨리기만 하면 된다고 우리가 확신하기 때문입니다. 요컨대 무지의 상태를 벗어나 '의식이 깨어 있는' 인류로 탈바꿈하는 건 시간문제라는 겁니다.

네, 왜지요?

5. 자연으로의 회귀.

우리에게 '자연'이란 단어는 '이성'과 거의 같은 뜻입니다. 왜냐하면 인간의 이성이란 자연이 우리에게 선사해준 것이니까요.

자연은 선하고 따라서 인간 또한 선하다. 모든 악은 사회 속에 내재한다.

루소

헤헤… 알베르토 쌤이 끼어들지 않을 수 없겠네…

6. 자연종교.

우리 계몽주의 철학자에게 신이 없는 세계는 도저히 상상도 할 수 없습니다.

우리는 영혼의 불멸성을 믿는데, 그건 우리 관점에서 보자면 데카르트처럼 신앙의 영역이라기보다는 이성의 영역에 속합니다.

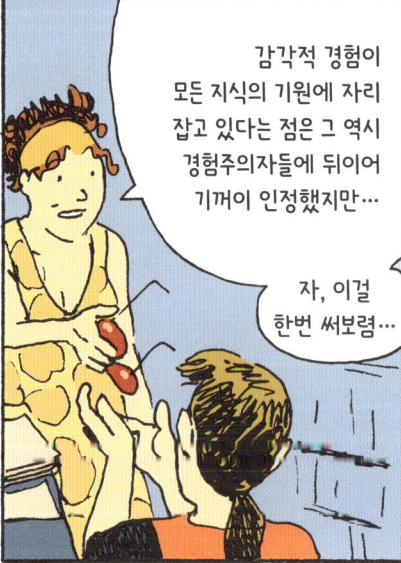

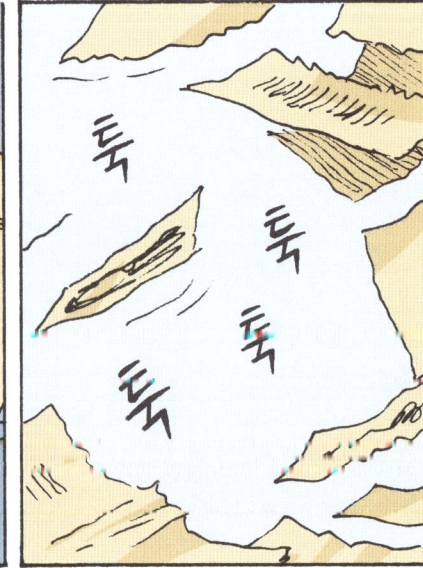

키르케고르

이번엔 키르케고르에 대해 살펴볼까.
키르케고르는 덴마크 철학자로 괴팍한 성격의 소유자였어.
그는 헤겔 철학을 접하고는 크게 충격을 받았지.

엄격한 교육의 영향으로
키르케고르는 독실한 신심을 이어받았어.
자기 시대가 열정도 없고 목표도 없다고 본 그는
엄격성을 상실한 덴마크 교회를 견딜 수 없어 했지.

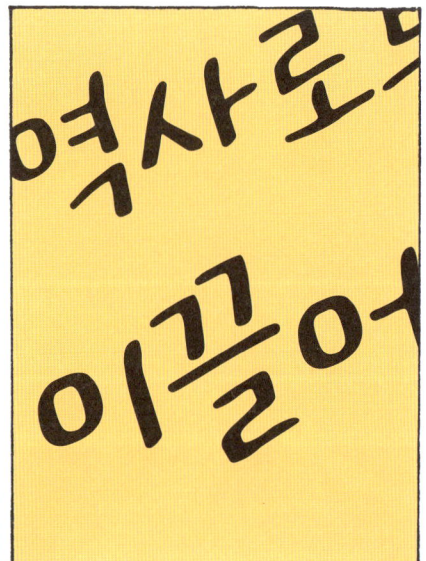

18. 마르크스

1818 - 1883

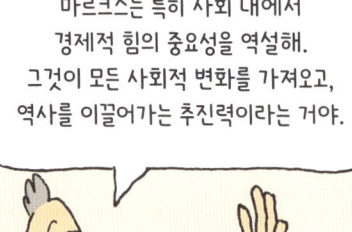

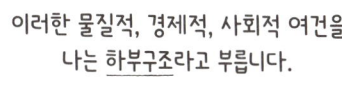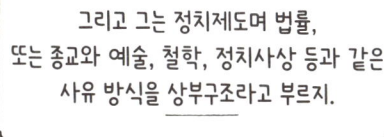

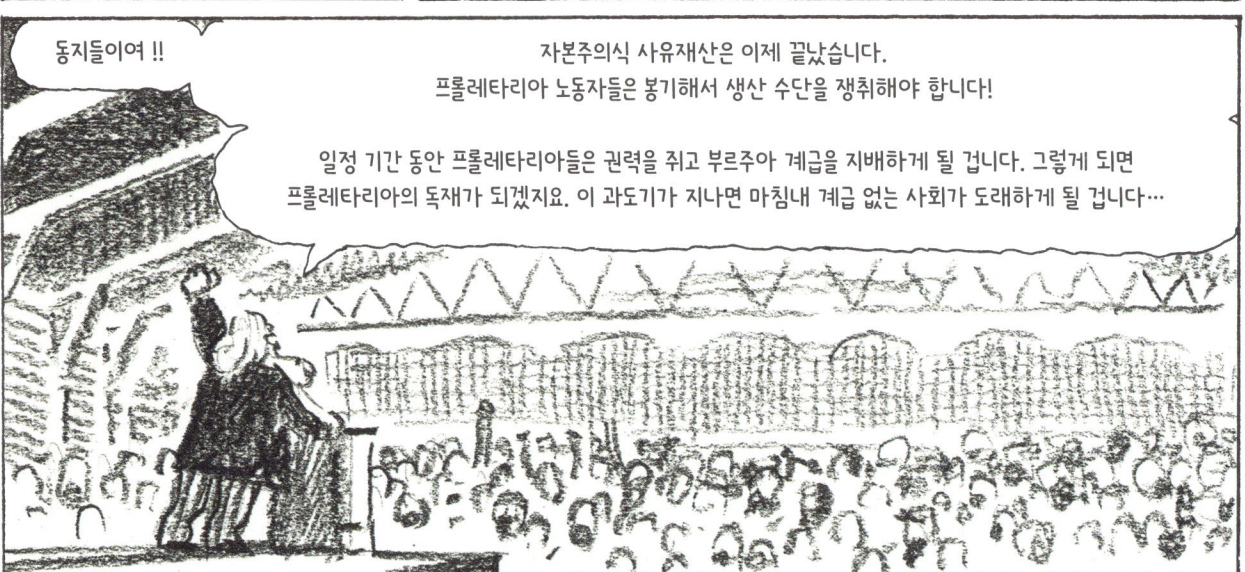

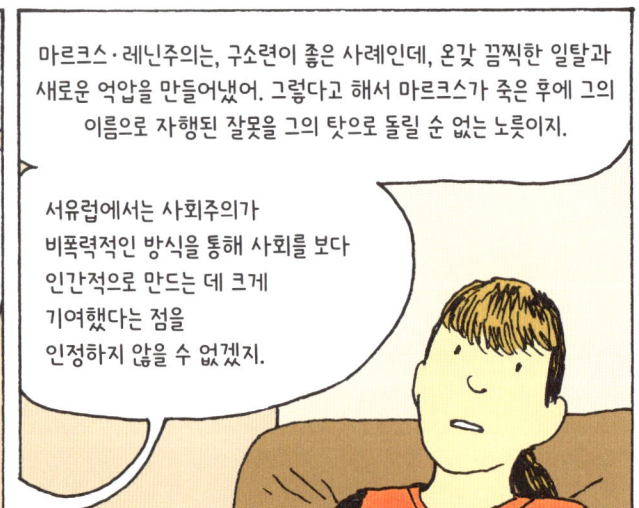

*Marx Brothers. 미국의 형제 코미디 그룹으로 무성영화 시대가 가고 유성영화 시대가 오면서 대활약했음—옮긴이

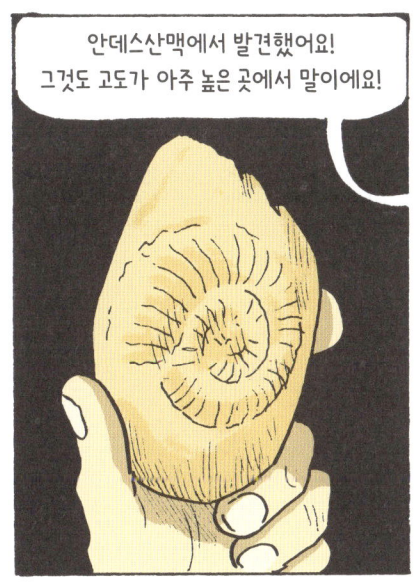

중요한 소식이야. 아빠가 아직 만화를 못 끝냈어. 그러니 넌 만화가 끝나기 전까지 언제라도 빠져나갈 방도를 찾을 수 있을 거야.

네 이야기를 읽다 보니까, 《이상한 나라의 앨리스》가 생각나지 뭐니! 우리 아빠가 무지 좋아하는 책이야!

너도 사방에 거울이 있다는 사실에 주목했겠지? 집이며 오두막집, 심지어 네 꿈속에도… 난 아무래도 거기에 뭔가 의미가 있다고 생각해!

어쩌면 말이지, 너도 앨리스처럼 거울을 통과해 반대편으로 갈 수 있지 않을까?

*'젖가슴 sein', '그의 sien', '나의 mien'의 철자상의 유사성 때문에 거듭 말실수가 튀어나오는 장면이다―옮긴이

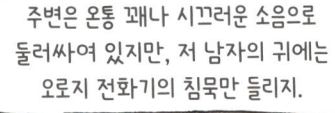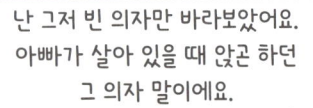

그런데 대체 무엇이 백수십억 년 전 어느 날 갑자기 폭발했을까요?
애초의 물질은 어디에서 왔을까요?

그건 여전히 최대의 수수께끼란다.

우리가 유일하게 말할 수 있는 건 우린 그저 백수십억 년 전 우주를 달궜던 거대한 불길의 미미한 불씨일 뿐이란 거지.

LE MONDE DE SOPHIE